Sandra Polli-Holstein – LITTLE DREAM – TRAUMREISEN FÜR KINDER – Gutenacht- und Entspannungsgeschichten

LITTLE DREAM
Pollis Traumreisen für Kinder
Gutenacht- und Entspannungsgeschichten
für Kinder

1. & 2. Auflage 2022
Überarbeitete Version 2023
Impressum
Alle Rechte vorbehalten
© 2023 Copyright by Sandra Polli-Holstein
Cover: by canva / Sandra Polli-Holstein
Herstellung und Verlag:
BoD – Books on Demand, Norderstedt
ISBN: 9783757822491

LITTLE DREAM

POLLIS TRAUMREISEN FÜR KINDER
Gutenacht- und Entspannungsgeschichten
für Kinder

Inhaltsverzeichnis

Vorwort

Gerade in der heutigen Zeit wird es mit den hohen Anforderungen und der Hektik des Alltags immer wichtiger, auch Zeit für Entspannung und Erholung zu finden. Wir sind häufig gestresst und auch an den Kindern geht dieses Leben auf der Überholspur nicht unbemerkt vorüber. Um so wichtiger ist es, auch den Kleinen neben ausgleichender Bewegung und gesunder Ernährung ebenso genügend Entspannung zu gönnen.

Als Mutter, Pädagogin und Entspannungs-Trainerin weiß ich, wie wohltuend Fantasie- oder Traumreisen am Ende eines aufwühlenden Tages sein können, vor allem, um in einen ruhigen und erholsamen Schlaf zu finden. So entstanden die Texte zu dem Hörbüchern "Fantasiereisen – Träumen, Entspannen und glücklich sein" Vol. 1 und 2 sowie diese "Fantasiereisen ins Land der Träume", womit auch Kinder perfekt zur Ruhe kommen können, denn Traum- oder Fantasiereisen sind eine Entspannungstechnik, die nicht nur für Erwachsene sind. Auch Kinder können damit die notwendige Erholung, und wunderbar in den Schlaf finden. Fantasiereisen dienen der Entspannung, fördern die Fantasie und helfen nach dem Mittagessen für ein kurzes Mittagsschläfchen oder vor dem Schlafengehen, Wunder. Sie fördern die Vorstellungskraft, stärken die Konzentration und Wahrnehmung und die Kinder können lernen, geduldiger zu werden. Ruhe und Entspannung helfen auch, neue Lebenssituationen zu verarbeiten, und sind darum ein wirksames Mittel, um neue Lösungswege für Probleme oder Stresssituationen zu finden.

Und das Beste: Eltern, Freunde und Familie können es auch zusammen mit den Kids machen. Eine kostbare gemeinsame Zeit mit viel Ruhe und Entspannung.

Mit diesem Hörbuch schenkst du deinen Kindern Erholung für zwischendurch und schöne Einschlafhilfen, die sie lieben werden, denn es gibt gute Gründe dafür: Die wundervollsten Reiseziele dieser Welt sind nur mit der

Fantasie zu erreichen. Fantasie fliegt höher als jedes Flugzeug, braucht zum Starten keinen Flughafen, weil ein Bett oder ein kuscheliges Sofa schon ausreicht. Große Hürden werden klein und unerreichbare Ziele rücken in greifbare Nähe. Mit Fantasiereisen lenkst du die Sicht der Kinder auf ihre unbewussten Stärken, ihre inneren Schätze, ihre Kenntnisse und Kompetenzen, die sie entspannen und wachsen lassen.

Mit dieser schönen Auswahl stärkst du im wahrsten Sinne des Wortes ihr "Selbst-Bewusst-Sein".

„Fantasie ist wichtiger als Wissen, denn Wissen ist begrenzt." Das wusste schon Albert Einstein.

PS: Ich hoffe auf dein Verständnis, wenn ich der Einfachheit halber ab jetzt die männliche Form für beide Geschlechter verwende. Es würde vom Wesentlichen ablenken, wenn ich immer beide Formen oder gar drei im Folgenden verwenden würde. Gleichwohl dürfen sich bitte alle Menschen angesprochen fühlen.

Schön, dass du da bist

Fantasie-, Traum- oder Märchenreisen zählen als geführte Assoziationen zu den bildhaften Entspannungsmethoden. Es sind fantasievolle Geschichten zum Träumen und Entspannen. Mit diesem Reiseplan kannst du Kinder einladen, ihre Wahrnehmung und Konzentration sanft nach innen zu lenken, um sich auf den Flügeln der Fantasie auf eine „kleine Reise" zu begeben.

Diese Reisen entspannen, spenden Kraft und verhelfen zu positiven Gedanken und Gefühlen. Die Grenze zwischen Bewusstsein und Unterbewusstsein verschwimmt. Körper, Geist und Seele können sich erholen, Belastendes abwerfen und neu sortieren. Eine sanfte Entspannungsmusik unterstützt dich als Reiseleiter dabei. Auf meiner Website www.pollis-seitenblicke.de findest du eine kleine Auswahl.

Das Großartige an Fantasiereisen ist: Sie wirken unmittelbar, ohne dass langwierige Anleitungen oder umständliche Vorbereitungen zu treffen sind. Die Kinder folgen einfach deiner Stimme und lassen ihre eigenen Bilder oder Filme vor ihrem inneren Auge ablaufen, denn jede Fantasiereise ist eine Reise ins eigene Ich. Sie schwingen sich mit der Leichtigkeit einer Schaukel in Gedanken in die Luft, oder tauchen ein in die Weiten der Meere – doch das Ziel jedes Einzelnen wird ein anderes sein. Eine Fantasiereise besteht zum einen aus dem Text, den du vorliest, und den Gedanken, die bei den kleinen Zuhörern dabei entstehen. Beides ist miteinander verbunden, muss jedoch nicht identisch sein. Es ist ein Zusammenspiel, das beeinflussbar, aber nicht zu bestimmen ist.

Jede Reise besteht aus drei Teilen:

- Dem Reisebeginn – einer Entspannungsphase, bei der Körper und Geist gezielt zur Ruhe kommen.
- Der Fantasiereise, in der die Zuhörer den Raum in Gedanken verlassen und in eine Geschichte eintauchen.
- Die Rückreise, die auf einem sanften Weg wieder in die Realität führt oder in einen tiefen und erholsamen Schlaf sinken

lässt.

Eine Fantasiereise sollte mit Ruhe und Zeit gemacht werden. Um Bilder entstehen zu lassen, sind Pausen ein wichtiger Bestandteil. In den Reisen sind Gedankenstriche und Zeilenumbrüche als Pausenvorschlag zu verstehen.

So entstehen ganz individuelle Bilderlebnisse und Wahrnehmungen, die sich aus einer Mischung von visuellen, akustischen und gefühlsmäßigen Eindrücken zusammensetzen.

Unsere Fantasie ist oft der Schlüssel zum Erfolg. Sie lässt uns kreative Wege gehen, die wir in der äußeren Realität und vor allem unter Stress nicht wahrnehmen würden.

So eine Reise hilft, die innere, unbewusste Bilderwelt zu fördern, die Fantasie zu beleben, das Unterbewusstsein zu aktivieren und Ressourcen und Kräfte zu mobilisieren, die im normalen Wachzustand nicht zugänglich sind. Außerdem lernen Kinder, ihre Gefühle genau zu entdecken und einzuordnen.

Am Ende einer Reise findest du Anregungen, wie ihr die Traumreise schöpferisch-kreativ aufarbeitet. Zum Beispiel durch das Schreiben eigener Geschichte oder das Malen von Bildern. Darüber können Kinder das Erlebte verarbeiten und wenn ihr regelmäßig Fantasiereisen macht, ist ein Traumreisen-Tagebuch, eine wunderbare Erinnerung.

Und nun finde je nach Bedarf eine passende Entspannung oder Einschlafhilfe von fünfzehn bis zwanzig Minuten und hab viel Freude beim Vorlesen.

Deine Polli

AM MEER – für einen angenehmen und friedlichen Schlaf

Schön, dass wir gemeinsam eine kleine Reise ins Land der Träume unternehmen. Am Ende dieser Reise wirst du in einen angenehmen und erholsamen Schlaf gleiten. Damit du morgen ausgeruht und glücklich in einen neuen Tag mit vielen schönen Erlebnissen starten kannst.
Mache es dir in deinem Bett ganz bequem. Kuschle dich so richtig schön ein. Vielleicht hast du ein Kuscheltier. Nimm es mit auf deine Traumreise. Gemeinsam achten wir noch darauf, dass dich nichts und niemand stören kann. – Jetzt, in diesem Augenblick, gibt es nichts mehr für dich zu tun. Diese Reise ist nur für dich, um Freude und Ruhe zu finden, damit du hinterher glücklich einschlafen kannst.

Deine Arme liegen locker neben dir oder du legst deine Hände auf den Bauch oder um dein Kuscheltier, so wie es gerade gut für dich ist. – Schließe nun deine Augen, atme einmal tief durch die Nase ein, lass die Luft in den Bauch fließen und atme langsam durch den Mund wieder aus. – Versuche, dabei alles loszulassen und zu entspannen. – Wiederhole das noch zweimal. Tief durch die Nase ein – und langsam durch den Mund wieder aus.
Du spürst, wie dein Kopf ganz weich auf dem Kissen liegt – du fühlst dich immer leichter und ganz wohl. – Du fühlst, wie angenehm warm deine Hände und Füße sind. – Mit der Atmung kommt dein Körper immer mehr zur Ruhe. – Langsam – ganz langsam – blinzelst du noch einmal und dann werden deine Augenlider immer schwerer und sind ganz müde.

(Die Stimme beim Weiterlesen leiser werden lassen.) Immer weniger achtest du darauf, was du um dich herum ist. – Geräusche kommen und gehen – lass sie einfach davonfließen.
Ruhig atmest du einfach weiter. – Dein Bauch hebt und senkt sich von ganz allein, wie die leichten kleinen Wellen des Meeres, die zum Strand hin- und wieder zurückfließen.

Stell dir vor, du bist an einem wunderschönen Strand – umrandet von Palmen liegt der feine, weiße Sand vor dir. – Die Sonne scheint und ein warmer Wind streicht sanft über deine Haut. – Du siehst dich um und wohin du auch schaust, siehst du Palmen – den weißen Sand – und dieses unendlich blaue Meer. – Am Himmel ziehen kleine weiße Wolken ganz langsam vorbei. – Es ist herrlich und du spürst die Wärme der Sonne ganz angenehm auf deinem Gesicht. – Diese Wärme breitet sich in deinem ganzen Körper aus. – Du fühlst dich wohl – du fühlst dich wohl, gewärmt und glücklich.

Du gehst über den feinen Sandstrand zum Wasser. Auf dem Weg zum Wasser siehst du eine schöne Sandburg. – Und während du weitergehst, spürst du bei jedem Schritt, wie schön weich sich der Sand unter deinen Füßen und zwischen deinen Zehen anfühlt. – Gemütlich schlenderst du weiter zum warmen Wasser. Du hörst die Wellen – ganz seicht. – Weiter draußen siehst du die strahlend weißen Segel einiger Schiffe, die aufs Meer hinausfahren. – Hier, an diesem schönen Ort, fühlst du dich frei und glücklich. – Hier gibt es nichts tun.

Langsam sinkt die Sonne etwas tiefer und lässt das Meer golden glitzern. – Vor dir entdeckst du nun einen ganz besonderen Platz. Kleine Steine, umgeben vom Sand, schimmern im Sonnenlicht in den schönsten orangebraunen Farben. – Es zieht dich förmlich dahin. – Angekommen, setzt du dich in den wohlig warmen Sand und nimmst einen Stein in deine Hand und fühlst die glatte und warme Oberflache angenehm in deinen Handflächen. – Mhhh, ganz angenehm warm und glatt.

Es ist ein bezaubernder Ort. Die Luft ist wunderbar wohlig warm und du verweilst für einen Moment. – Du genießt den schön warmen Sand unter dir und beginnst, langsam den Sand durch deine Finger rieseln zu lassen. – Ein wunderbares Gefühl, wie der feine Sand durch deine Hände rieselt. – Jedes Sandkorn ist so winzig und doch ergeben viele Sandkörner diesen wunderschönen Strand.

Du beobachtest, wie die Wellen rhythmisch an den Strand kommen und sich wieder ins Meer zurückziehen – hin und her. – Hin und her.
Gemütlich legst du dich hin und spürst nun den warmen Sand unter deinem ganzen Körper. – Von deinen Füßen – über deine Beine – wohlig warm am Gesäß und über den ganzen Rücken – genauso an deinen Armen. – Du hörst dem leisen Rauschen der Wellen zu. – Das Gefühl von Geborgenheit und Freiheit erfüllt dich.

Von Weitem hörst du ganz leise einige kleine Vögel und ein warmer Wind streicht dir durchs Haar.

Dieser wundervoll friedliche Ort und der rhythmische Klang der Wellen wiegen dich nun sanft in einen tiefen – ganz tiefen – und erholsamen Schlaf. – Ein tiefer erholsamer Schlaf in der schönen Welt der Träume. – Du fühlst dich ganz wohl und geborgen.
Und sinkst in einen schönen, ganz tiefen und ruhigen Schlaf. Du fühlst, ich bin ganz in deiner Nähe. – Hab eine gute Nacht und träume schön.

Wie wäre es mit einer kleinen Geschichte aus einer gemeinsamen Urlaubserinnerung? Ihr könnt euch gemeinsam die schönsten Erlebnisse erzählen und so eine eigene Traumreise gestalten. Auf den nächsten Seiten hast du Platz dazu. Ganz viel Spaß dabei.

AUF DER ALM – für Erholung und Zufriedenheit

Schön, dass wir uns gemeinsam eine kleine Pause von den vielen Aufgaben des Alltags nehmen. Diese Auszeit hilft uns, auf schöne Weise auszuruhen, damit wir hinterher erholt und frisch in den Tag zurückkehren können.

Mache es dir jetzt so richtig schön kuschelig und gemütlich. Die Arme sind ganz locker. Auch deine Hände können locker in deinem Schoß oder auf deinem Bauch liegen. – Deine Beine und Füße sind entspannt und haben ebenfalls eine bequeme Position. – Auch dein Rücken und der Kopf finden eine für dich angenehme Haltung.

Wenn du so weit bist, beginnen wir mit den Reisevorbereitungen:
Spüre nun deinen Atem, wie die Luft durch deine Nase zieht, in deinen Bauch fließt, der sich hebt und senkt. Mach ihn ganz kugelig rund. – Atme ein und aus und wieder – ein und aus. – Mit jedem Atemzug wirst du langsam ruhiger und immer ruhiger und alle Geräusche um dich herum fließen an dir vorbei. – Sie helfen dir, immer mehr zu entspannen. – Du achtest auf meine Stimme, sie entspannt dich immer tiefer und tiefer. – Ich zähle nun von zehn bis eins rückwärts und du wirst dabei immer ruhiger und entspannst dich vollkommen, wenn ich bei eins angekommen bin.

Zehn, du sinkst tiefer und lässt deine Muskeln immer mehr los. Neun – du spürst, wie eine tiefe Ruhe und Freude dich zur – Acht – bringt, und ein wohlig geborgenes Gefühl breitet sich immer mehr und mehr in dir aus. Sieben – du findest noch mehr Ruhe. – Mit sechs – füllt dich ein tiefes Glücksgefühl aus – und die Fünf lässt dich ganz entspannt und regelmäßig atmen. – Die Vier hilft dir, weiter zu entspannen. – Alles um dich herum wird weicher und sanfter. – Lass es geschehen und mit der Drei lass alles fließen.

Zwei – du bist ganz ruhig und frei – sie gibt dir Zeit, Zeit für dich, Zeit zum Träumen. – Eins – sie hilft dir, tiefer zu sinken in die Welt der Fantasie und deine Fantasiereise kann beginnen.

Du stehst auf einer Alm, ein kleiner Weg führt mitten durch eine wunderschöne Sommerwiese. – Die Sonne scheint und ein leichter Wind streicht angenehm über deine Haut. – Du siehst dich um und überall siehst du saftig grüne Wiesen mit Blüten in den bezauberndsten Farben – ein wahres Farbenmeer.
Es ist ein herrlicher Sommertag und du spürst, wie die Sonne dich angenehm wärmt. – Die Luft ist voll von dem Geruch nach frischem Gras und süßem Blütenduft. – Dein Lieblingsmensch, mit dem du dich verabredet hast, kommt dazu. – Ihr freut euch, an diesem schönen Ort zu sein, und gemeinsam schaut ihr in den strahlend blauen Himmel.

Langsam geht ihr den Weg entlang. – Das Gras ist ganz frisch gemäht und ganz weich, wie ein Wolkenwattegras. Spontan beschließt ihr gemeinsam, die Schuhe auszuziehen. – Du gehst die ersten Schritte auf der Wiese und merkst, wie samtig weich sich das Gras unter deinen Füßen anfühlt. Du siehst bunte kleine Blumen, die du gerne magst und die ganz herrlich duften. – Hier, an diesem friedlichen Ort, zusammen mit deiner Freundin und umgeben von dem fröhlichen Gezwitscher der Vögel, fühlst du dich glücklich.
Umgeben von der Schönheit der Farben, geht ihr weiter. – In der Ferne siehst du die Berge. – Mit ihrem Hellgrau und den weißen Schneekuppen heben sie sich majestätisch von der bunten Sommerwiese und dem strahlend blauen Himmel ab. – Die schöne Natur und der wunderbare sommerliche Duft der Wiese schenken dir ein geborgenes Gefühl und spenden dir viel Energie.

Nach einer Weile auf dem Weg erreicht ihr einen traumhaft schönen Platz. – Grashalme und Blumen bewegen sich sanft im leichten Wind. – Kleine Schmetterlinge tanzen über den Blüten und mit jedem Schritt schenkt dir die Umgebung das Gefühl von Geborgenheit und Erholung. –

Es ist hell und freundlich, die Luft ist frisch und klar. – Dieser wunderschöne Ort lädt zum Bleiben ein und ihr beide bemerkt, dass dies ein ganz besonderer Platz ist.

Gemütlich legt ihr euch auf die weiche, duftende Wiese. – Am Himmel ziehen kleine, weiße Wolken vorbei. Ihr beobachtet, wie die Zuckerwattewolken ganz langsam weiterziehen. – Von Weitem hört ihr leise die Kirchenglocken läuten – und du schließt sanft deine Augen.
Du fühlst dich wunderbar und du genießt jeden Atemzug. – Die friedliche und lebensspendende Energie fließt durch deinen Körper. Sie strömt ganz warm durch deinen Kopf – verteilt sich durch deine Arme bis in die Fingerspitzen. – Weit und frisch in deine Brust und in den Bauch – bis in die gesamte Körpermitte. – Dann angenehm wohltuend über die Oberschenkel – bis in die Füße. – Du fühlst dich zufrieden – dein Geist ist frei und ruhig.

Langsam nimmst du die Umgebung wieder mehr wahr. – Die Vögel zwitschern dir fröhlich zu. – Du hörst genauer hin und ihr Zwitschern wird lauter. Bis du sie verstehen kannst. – „Ich verbringe gerne Zeit mit dir. Komm bald wieder."
Du hörst die Grillen zirpen und ein leichter Wind weht dir durchs Haar.
Tief atmest du diese wundervolle reine Landluft ein. – Du schaust zu deiner Freundin und gemeinsam beschließt ihr, dass es Zeit ist, langsam weiterzugehen. – Behutsam stehst du auf und schaust dich noch mal um. – Gemeinsam mit deiner Freundin siehst du ins Tal und ihr beobachtet, wie zwei Alpenvögel spielerisch ihre Flugmanöver fliegen.
Ihr freut euch darüber und du kannst diese lautlose, verspielte Schwerelosigkeit des Fliegens beinahe fühlen und ein angenehmes, kribbelndes Glücksgefühl durchströmt dich.

Schlendernd verlasst ihr diesen wunderbaren Ort, an den du jederzeit zurückkehren kannst. – Die Luft ist erfrischend und die Sonne strahlt noch immer wärmend in dein Gesicht.

Auf dem Weg entlang der Sommerwiese entdeckst du eine hübsche Pusteblume. – Du erinnerst dich, was du so gerne damit machst, und beugst dich langsam zu ihr runter. – Wünsch dir etwas – bevor du sie mit einem Atemzug anpustest. – Ihre Samen steigen hoch in die Luft und werden vom Wind davongetragen.

Ihr schaut ihnen nach und in diesem Augenblick erkennst du, dass all die Samen irgendwo auf die Erde fallen und keimen werden – Wurzeln schlagen – und so ein neuer Zyklus des Lebens beginnt. – Neue Wünsche, die du dir wünschen kannst, wenn du wieder hierher zurückkehrst. – Diesen Gedanken behältst du wie einen kleinen Schatz tief in dir.

Du verabschiedest dich von deiner Freundin und nimmst einen tiefen Atemzug, um langsam wieder im Hier und Jetzt anzukommen. – Atme ein paarmal tief durch. – Recke und strecke dich vorsichtig. Wenn du liegst, drehe dich auf deine Lieblingsseite. – Öffne ganz langsam deine wunderbaren Augen. – Setze dich gemütlich aufrecht hin und kehre erholt und glücklich in den Tag zurück.

Mögt ihr euch über die Reise auf die Alm austauschen? Welche Blumen hast du gesehen und welche Farben hatten sie? Wie sahen die Schmetterlinge aus? Konntest du die Kirchenglocken läuten hören?

EINE BAHNFAHRT – für einen schönen Schlaf

Ich freue mich, dass wir eine traumhafte Reise ins Land der schönen Träume unternehmen. Lege dich ins Bett und mache es dir mit deinen Kuscheltieren oder mit deiner Schmusedecke so gemütlich wie möglich. Wir schauen noch mal, dass uns nichts stören kann, damit du friedlich einschlafen kannst.

Wenn du so weit bist, starten wir mit der Reisevorbereitung:
Deine Arme liegen locker neben dir oder du legst deine Hände auf den Bauch, so wie es für dich gerade gut ist. – Schließe die Augen und hör mal auf deinen Herzschlag. – Hör genau hin und zähl mit.
Babum, babum, babum. – Spürst du, wie dein kleines Herz sich über die Pause freut?
Atme nun einmal tief durch die Nase ein, lass dabei die Luft in deinen Bauch fließen und atme langsam durch den Mund wieder aus. – Beim Ausatmen fließt alles Unangenehme weg und beim Einatmen nimmst du wahr, wie neue frische Luft in deinen Körper fließt. – Sehr gut und gleich noch mal – tief durch die Nase ein – und langsam durch den Mund wieder aus. – Du spürst, wie du immer mehr zur Ruhe kommst.

Immer weniger achtest du darauf, was du hörst. – Du konzentrierst dich einfach auf deinen Atem. – Ein und aus – ein und aus. – Dabei hebt und senkt sich dein Bauch ganz langsam. – Deine Gedanken kommen und gehen ganz von allein – wie die Züge im Bahnhof, die kommen und gehen.

Es ist ein sonniger Frühlingsnachmittag. Du stehst mit deiner Familie am Bahnhof und wartest auf den Zug, der euch in die Berge fahren soll. Du freust dich schon, denn in den Bergen gibt es so viel zu entdecken.
Der Zug fährt in den Bahnhof ein und gemeinsam mit deiner Familie steigst du ein. – In dem für euch reservierten Abteil setzt du dich gemütlich an einen Fensterplatz. – Jetzt kann es losgehen.

Mit einem leichten Ruck fährt der Zug an. Du schaust aus dem Fenster – langsam wird der Zug schneller und ihr lasst den Bahnhof hinter euch. – Die Häuser und Straßen der Stadt ziehen an dir vorbei und du entdeckst Orte, die du kennst. – Es dauert gar nicht lange, bis die Häuser und Straßen immer weniger werden, und schon nach kurzer Zeit fährt der Zug aufs Land hinaus. – Entspannt genießt du das leichte Ruckeln des Zuges – dadamm – dadamm – dadamm, und du freust dich über die Landschaft, die an dir vorbeizieht.

Du siehst große Felder, die gelb leuchten, und du erinnerst dich, dass das Rapsfelder sind. – Sie wechseln sich ab mit den saftig grünen Wiesen. – Du entdeckst einzelne Häuser und Bauernhöfe, neben denen Kuhherden gemütlich in der Sonne grasen. – Da sind schwarze Kühe, braune und gefleckte – welche mit und welche ohne Hörner.

Nach einer Weile hält der Zug in einem kleinen Bahnhof. – Du beobachtest, wie Menschen aussteigen und freudig begrüßt werden. – Andere ziehen große Koffer hinter sich her und einige steigen in den Zug ein. – Dann hörst du das Signal zur Abfahrt und mit einem Ruck setzt sich der Zug wieder in Bewegung.

Die Sonne scheint durch das Fenster. – Du spürst ihre Strahlen angenehm in deinem Gesicht und auf deinen Armen. – Mit Vorfreude denkst du daran, was es in den Bergen zu entdecken gibt. – Die schönen Wiesen mit den buntesten Blumen – die Seilbahn, die hoch auf die Bergspitze fährt, und die Geißlein, die lustig herumspringen. – Du fühlst dich glücklich, geborgen und ganz entspannt.

Etwas später kommt ein netter Zugbegleiter vorbei und fragt, ob alles in Ordnung ist. Mit einem Lächeln wünscht er dir eine schöne Weiterfahrt. – Du drehst dich wieder um und schaust weiter aus dem Fenster. – Bald geht die Sonne unter und du siehst noch ein Rudel Rehe auf einem Feld stehen. – Sie lassen sich vom Zug nicht stören und suchen ruhig weiter nach Futter.

Das gleichbleibende Geräusch der Zugfahrt und das angenehme Ruckeln lassen dich immer mehr zur Ruhe kommen. – Dadamm – dadamm – dadamm – dadamm, klingt es melodisch ruhig in deinen Ohren. – Du spürst eine angenehme Schwere in dir und schließt sanft deine schon etwas kleinen Augen. – Die Zugfahrt wird noch eine Weile dauern. – Deine Familie ist bei dir und du genießt das schöne, leichte Ruckeln der Fahrt. – Mit jedem dadamm, dadamm des Zuges werden alle anderen Geräusche um dich herum immer leiser – bis du sie gar nicht mehr hörst. – Du weißt, dass du nichts verpasst und du morgen ausgeruht und mit neuer Energie die Berge entdecken kannst.

Langsam sinkst du nun in einen erholsamen Schlaf. – Meine Stimme wird immer leiser und du gleitest immer weiter in einen angenehmen, wohltuenden Schlaf – aus dem du am nächsten Tag aufwachst und dich frisch, ausgeruht und voller neuer Energie fühlst. Gute Nacht und träum schön.

Plant ihr auch so gerne euren Urlaub? Ich mag die Berge sehr und auch, gemeinsam mit der Familie unseren nächsten Urlaub zu planen. Welche Ausflugziele gibt es? Fährt man mit der Seilbahn und gibt es auf der Alm eine schöne Hütte zum Einkehren? Viel Freude beim Planen.

WINTERZAUBER – für Ruhe, Entspannung und neue Kraft

Lass uns eine kleine Pause machen, damit wir hinterher mit frischer Energie alles, was dieser Tag noch zu bieten hat, erleben können. Mache es dir so bequem wie möglich. Vielleicht magst du deine Lieblingssocken anziehen oder dich in eine Decke kuscheln. Lege dich hin und wir schauen noch mal, dass uns nichts in der nächsten Viertelstunde stören kann.

Jetzt, in diesem Moment musst du nichts tun. Es ist nichts wichtiger, als sich jetzt zu entspannen. Nichts anderes ist von Bedeutung. – Diese Pause ist nur für dich, um Ruhe zu finden und neue Kraft zu tanken. – Dann wirst du hinterher gestärkt, mit neuer Energie und Freude in den Tag zurückkehren.

Wenn du so weit bist, beginnen wir mit den Vorbereitungen für einen traumhaften Winterspaziergang:
Atme tief durch deine Nase ein, lass die Luft in den Bauch fließen und atme durch den Mund langsam wieder aus. – Lass dabei deinen Körper entspannen und komm langsam zur Ruhe. – Du spürst, wie deine Schultern angenehm auf die Unterlage gleiten – deine Stirn wird ganz glatt und weich – dein Mundbereich wird ganz locker und du fühlst dich immer leichter und ruhiger. – Wiederhole das noch zweimal. Tief durch die Nase ein – und langsam durch den Mund wieder aus. – Jedes Mal lässt du deine Muskeln mehr los – dein Atem geht ganz ruhig und gleichmäßig und du kommst immer mehr zur Ruhe.

Nun schließe deine Augen und achte mal auf die Unterlage. Nimm wahr, wie dein Körper darauf aufliegt. – Wie deine Füße – die Beine – dein Popo und der Rücken die Unterlage berühren. – Wie alles angenehm schwer darauf liegt. – Auch deine Schultern – Arme – Hände und der Kopf berühren weich und gemütlich die Unterlage.

Du atmest ruhig in deinem Rhythmus, ein und aus, dabei hebt und senkt sich dein Bauch ganz von allein. – Freue dich nun auf einen wunderbaren Winterspaziergang.

Stell dir vor, es hat über Nacht geschneit und alles ist in bezauberndes Weiß gehüllt. – Du kannst es kaum abwarten, rauszugehen und durch den Schnee zu stapfen. – Dein Freund aus der Nachbarschaft ist schon draußen und wartet auf dich.

Warm angezogen und in deinen Lieblingsschal gehüllt, lauft ihr gleich zum kleinen Wald ganz in eurer Nähe. – Dort befindet sich auch ein kleiner See. – Die Sonne scheint und lässt den unberührten Neuschnee wie Tausende Diamanten glitzern. – Du spürst die klare, frische Luft in deinem Gesicht.

Von Weitem kannst du zwischen den Bäumen den See erkennen. – Dein Freund und du bleiben kurz stehen und wohin ihr auch schaut, stehen kräftige Bäume, die auf ihren starken Ästen den frischen Schnee tragen. – Du schaust nach oben – über dir ist der strahlend blaue Himmel zu sehen. – Es ist absolut ruhig – als ob der Schnee die Geräusche dieser Welt leiser macht. – Du freust dich und genießt diesen schönen Moment.

Nun beschließt ihr, eine Entdeckungstour um den kleinen See zu unternehmen. – An diesem schönen Ort mit dem unberührten Schnee fühlst du dich glücklich.

Mit leisem Knirschen gibt der Schnee unter deinen Füßen nach. – Dein Freund und du seid die Ersten, die kleine Fußstapfen im Puderzuckerschnee hinterlassen. – Vorsichtig setzt du einen Schritt vor den anderen. – Ruhe umgibt diesen friedlichen Ort. – Nach einer Weile öffnet sich der Wald und ihr steht in der Nähe des Ufers. – Ihr habt freien Blick auf den See. – Leichter Nebel steigt von dem dunkel schimmernden Wasser in die kalte Luft hinauf. – Ein leichter Wind lässt den feinen Pulverschnee in der Luft glitzern. – Du genießt diesen magischen Moment an diesem wunderschönen Ort in vollen Zügen.

Nach einer Weile gehst du mit deinem Freund weiter. – Du entdeckst Spuren eines Hasen, die in den Wald hineinführen. – Gemeinsam seht ihr euch um, ob ihr noch weitere Spuren finden könnt. – Und wirklich, bereits etwas weiter den Weg entlang führen Rehspuren auf eine kleine Anhöhe. – Ihr folgt den Spuren – oben angekommen, trennt ein Zaun mit einem offenen Tor das Waldstück von einem endlosen Ackerstück. Erst ganz hinten am Horizont berührt der Acker den tiefblauen Himmel. – So viel Lebensraum.
Du schaust dich um und genießt die Freiheit und den schönen Ort. – Du fühlst dich dankbar und glücklich.

Weiter auf dem Weg um den See herum führt nun ein kleiner Pfad wieder in den Wald hinein. – Mit jedem Schritt schenkt dir die Umgebung das Gefühl von Sicherheit, Geborgenheit, Vertrauen und Erholung. – Der Wald wird dichter und gemeinsam mit deinem Freund siehst du die hohen Bäume, die rechts und links von euch freundlich den Weg weisen. – Die Luft ist frisch und klar.

Du schaust den Pfad entlang und erkennst weit vorne am Waldrand ein kleines Holzhäuschen. – Gemütlich geht ihr weiter an Büschen vorbei, steigt über verschneite Wurzeln und Äste. – Am Waldrand angekommen erkennst du, dass das Häuschen auf einem Deich steht, der nun über das das letzte Stück am Seeufer entlangführt.

Der Himmel hat sich in der Zwischenzeit mit kleinen Wolken zugezogen. – Ihr haltet einen Moment an. – Wie in einem Märchen steht dieses kleine Häuschen mitten auf dem langen Deich, auf dem ihr nun langsam wieder zurückkehrt.
Lautlos fallen die ersten Schneeflocken vom Himmel. – Du schaust hinauf und fühlst, wie die Flöckchen angenehm auf dein warmes Gesicht fallen.

– Glücklich genießt du, wie diese erfrischende Energie durch deinen Körper fließt. – Prickelnd durch deine Arme bis in die Fingerspitzen. – Weit und frisch in deine Brust und in den Bauch. – Du fühlst dich fröhlich und belebt. – Deine Gedanken sind frei und ruhig.

Langsam nimmst du die Umgebung wieder mehr wahr. – Tief atmest du diese wundervolle Winterluft noch einmal ein, verabschiedest dich mit einem Winken von deinem Freund und mit einem Lächeln verlässt du diesen Ort, an den du jederzeit zurückkehren kannst.

Mit dem Gefühl von Frische, Ruhe und neuer Energie kehrst du nun langsam in den heutigen Tag zurück. – Atme tief ein und bewege dabei langsam deine Hände und Füße, so wie es gerade angenehm für dich ist. – Strecke dabei vorsichtig deine Arme und Beine. – Öffne deine Augen und atme noch einmal tief ein und aus. – Wenn du so weit bist, setze dich langsam aufrecht hin. – Du bist wieder im Hier und Jetzt.
(Nun wäre es schön, den Wochentag sowie die Uhrzeit einzubauen und einen kleinen Hinweis zu geben, was als Nächstes an diesem Tag passiert.)

Entspannt und voller Elan erinnerst du dich bei der nächsten Gelegenheit daran, Schneeflocken oder Regentropfen auf deiner Haut zu spüren und dieses Prickeln zu genießen.

Vielleicht mögt ihr schon die nächste Unternehmung planen, in welchen Wald oder Park ihr am Wochenende einen schönen Ausflug machen könnt und entdeckt dort sogar Tierspuren. Ich wünsche jetzt schon ganz viele schöne Stunden dabei.

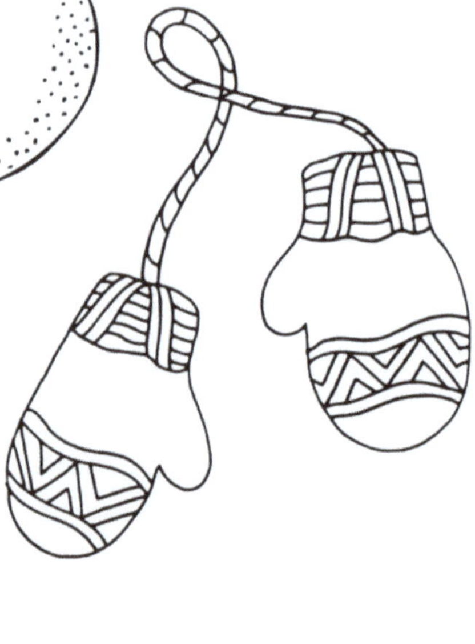

KÖRPERREISE – für einen erholsamen Schlaf

Es ist nun an der Zeit, dass du dich ausruhst, einfach alles liegen lässt und zur Ruhe kommst. – Ich nehme dich mit und erzähle dir, wie du eine schöne Reise durch deinen Körper unternehmen kannst. Dabei kannst du dich immer wohler fühlen. Bis du wunderbar leicht und behutsam in einen erholsamen Schlaf sinken kannst.

Lege dich nun gemütlich auf deinen Rücken. Deine Beine liegen hüftbreit auseinander und deine Füße fallen ganz locker zur Seite. Deine Arme liegen seitlich neben deinem Körper. – Die Arme und Hände berühren entspannt deine Unterlage. – Nimm nun zwei, drei tiefe Atemzüge, atme durch die Nase ein und langsam durch den Mund wieder aus. – Bei jedem Ausatmen lässt du mehr und mehr alle Anspannung los – genauso wie alle Gedanken. Lass sie ziehen. – Stell dir kleine weiße Wolken vor, die am Himmel vorüberziehen. – Auf jede Wolke legst du einen Gedanken und lässt sie einfach davonziehen. – Wann immer du dazwischen an etwas anderes denken solltest, ärger dich nicht. Lass die Gedanken einfach mit den Wolken ziehen und komm wieder zu meiner Stimme zurück.

Lenke deine Aufmerksamkeit nun ganz auf deinen Atem. – Spüre, wie die Luft durch deine Nase und den Hals in deinen Bauch und wieder hinaus fließt. – Beim Ausatmen strömt die Luft durch deinen Hals und Mund wieder hinaus. – Spüre, wie sich dein Bauch hebt und senkt – hebt und senkt. – Mit jedem Atemzug kommst du von ganz allein, mehr und mehr zur Ruhe.
Lenke deine Aufmerksamkeit nun zu deinen Füßen und spüre, wie sie auf der Unterlage liegen. – Spüre, wie deine Fersen mit ihrem Gewicht die Unterlage berühren, angenehm und schwer. Nimm jeden einzelnen Zeh wahr – sind deine Füße angenehm warm? – Stell dir vor, die Unterlage gibt langsam nach, bis deine Füße beim nächsten Ausatmen angenehm schwer darin versinken.

Gehe gedanklich weiter zu deinen Unterschenkeln und spüre auch dort nach, wie deine Unterschenkel aufliegen. – Wo berühren sie genau die Unterlage? Liegen deine Unterschenkel in der Mitte oder etwas seitlich auf? – Bei der nächsten Ausatmung gibt auch hier die Unterlage weich nach und du stellst dir vor, wie deine Unterschenkel angenehm schwer versinken.

Wandere nun mit deiner Aufmerksamkeit zu deinen Oberschenkeln und spüre, wie sich deine Oberschenkel anfühlen. – Lass sie mit jedem Atemzug mehr und mehr entspannen. – Von den Kniekehlen bis zu deinem Popo – fühlst du die angenehme Schwere in deinen Oberschenkeln? – Fühle die ganze Berührungsfläche – wie die watteweiche Unterlage langsam nachgibt und deine Oberschenkel sanft darin versinken.

Jeder Atemzug lässt nun auch deinen Popo angenehm schwer werden. – Du spürst, wie er warm und weich aufliegt. – Immer mehr kannst du die Muskeln loslassen und dein Po versinkt wohltuend in der Auflage.

Lenke nun deine Gedanken zu deinem Rücken. – Wandere von unten nach oben bis zu den Schultern. – Wo berührt dein Rücken die Unterlage? – Gibt es Stellen, die die Unterlage nicht berühren? – Stell dir genau dort ein weiches Kissen vor, das sich angenehm wärmend an deinen Rücken schmiegt. – Nimm nun einmal die ganze Fläche deines Rückens auf der weichen Unterlage wahr.

Du atmest ruhig weiter ein und aus und fühlst dabei, wie angenehm weich dein Bauch ist – ganz entspannt hebt und senkt er sich. – Auch deine Brust hebt und senkt sich ganz sanft und weich bei jedem Atemzug.

Gehe nun zu deinen Schultern, wie sie ohne Anspannung mit einer angenehmen Schwere die Unterlage berühren. – Sie sind ganz locker und entspannt. Mit dem nächsten Atemzug spürst du, wie die Schultern entspannt und ganz sanft in die warme weiche Unterlage sinken. – Du fühlst dich wohl und geborgen.

Gehe weiter zu deinen Armen und achte auf die Berührungspunkte, wie sie locker und vielleicht auch leicht angewinkelt aufliegen. – Entspanne deine Ellenbogen, wenn du ausatmest, und fühle, wie die Arme weich werden – wie weiche Butter – bis auch die Arme wohlig warm versinken.

Fühle nun, wie deine Hände auf der Unterlage liegen. Spüre die Punkte, wo sie aufliegen, und vergleiche in aller Ruhe. – Nimm jeden einzelnen Finger wahr – deinen Daumen – Zeigefinger – Mittelfinger – Ringfinger und den kleinen Finger. – Sind deine Finger locker und entspannt? – Liegen beide Hände flach auf der Unterlage oder liegt eine Hand mehr seitlich? – Du fühlst, wie auch sie mit ihrem Gewicht sanft einsinken.

Wandere weiter mit deiner Aufmerksamkeit zum Nacken. – Berührt dein Nacken die Unterlage? Sind da Punkte, die nicht auf der Unterlage liegen? – Stell dir vor, wie auch genau dort ein warmes, weiches Kissen wohltuend deinen Nacken stützt und es sich angenehm leicht und warm anfühlt.

Gehe nun mit deinen Gedanken weiter zu deinem Kopf. – Fühle, wie die weiche Unterlage nachgibt. – Spüre, wie dein Kopf ganz schwer und müde aufliegt. – Ist es eher eine kleine oder doch eine größere Auflagefläche? – Ist die Berührungsfläche genau in der Mitte des Hinterkopfes oder fällt er leicht zu einer Seite?
Deine Gedanken gehen nun weiter zu deinem Gesicht. – Mehr und mehr lockern sich die kleinen Muskeln um deine Augen, die Stirn ist weich und glatt und dein Mund lässt mit jedem Ausatmen immer mehr los. – Vielleicht öffnet sich auch dein Mund ganz leicht, weil dein Kiefer angenehm nach unten zieht.
Du genießt diese schöne Schwere – es ist eine Wohltat, alles ist ruhig und friedlich und du erholst dich Atemzug für Atemzug.

Und jetzt gehe mit deinen Gedanken noch einmal durch den ganzen Körper. – Achte von den Zehenspitzen – über die Beine – und den Rücken bis hinauf zum Kopf – wie dein Körper sich anfühlt. – Fühle den sanften

Rhythmus der Atmung, während er sich durch den Körper bewegt.

Diese Ruhe fühlt sich so gut an. – Du fühlst dich vollkommen wohl, glücklich und entspannt.

Lass deinen Körper langsam in einen tiefen, erholsamen Schlaf sinken. – Und auch dein ganz entspannter Geist gleitet immer mehr in die schöne Welt der Träume. – Meine Stimme wird leiser und leiser und du gleitest immer weiter in einen angenehmen, erholsamen Schlaf – aus dem du am nächsten Tag aufwachst und dich frisch, ausgeruht und voller neuer Energie fühlst.

Gute Nacht und träum schön.

EIN SOMMERMORGEN – für die kleine Auszeit zwischendurch

Lasst uns eine kleine Auszeit von dem manchmal hektischen Alltag nehmen. Lege dich am besten hin und mache es dir so bequem wie möglich. Vielleicht magst du dir ein weiches Kissen oder deine Lieblingsdecke nehmen. Wir schauen, dass uns nichts und niemand in der nächsten Viertelstunde stören kann.

Diese Fantasiereise ist nur für dich, um auf schöne Weise auszuruhen und damit du hinterher gestärkt, mit neuer Energie und glücklich durch den Tag gehen kannst.

Wenn alles bereit ist, beginnen wir nun mit den Reisevorbereitungen: Schließe sanft die Augen und atme einmal tief durch die Nase ein. Dabei lässt du die Luft in den Bauch fließen, der kugelrund wird, und durch den Mund atmest du langsam wieder aus. Das wiederholen wir noch zweimal – tief durch die Nase einatmen und langsam durch den Mund ausatmen – ein- und wieder ausatmen. – Du fühlst dich ganz wohl und geborgen. Deine Arme und Beine liegen locker und auf der weichen Unterlage. – Du wirst immer ruhiger und fühlst dich vollkommen wohl. – Dein Bauch hebt und senkt sich langsam wieder – ganz von allein.

Du genießt diese Ruhe, die sich nach und nach in dir ausbreitet. – Atme einfach weiter – das geht ganz leicht. Sanft hebt und senkt sich der Bauch bei jedem Atemzug – ein und aus – ein Kommen und Gehen. – Wie die Gedanken, die kommen und von ganz allein wieder gehen.

Spüre mal nach, wie und wo dein Körper die Unterlage berührt. – Die Beine – der Popo – der Rücken – die Schultern – und die Arme liegen bequem und locker auf der Unterlage. – Alles ist angenehm schwer und ganz weich. – Du fühlst dich wohl und geborgen – und die Reise kann beginnen.

Es ist ein warmer Sommermorgen und du stehst am offenen Fenster. – Ein leichter Wind bewegt die weißen Gardinen. – Du riechst die frische Luft von den Wiesen und Wäldern, die diesen Ort umgeben, der Ruhe und Frieden ausstrahlt.

Es ist noch früh am Morgen, Mama oder Papa ist schon in der Küche und bereitet das Frühstück vor. – Die Vögel kündigen fröhlich den neuen Tag an und das Gezwitscher zieht dich förmlich nach draußen auf die hübsche Holzterrasse mit der großen Hängematte.

Du spürst die festen, alten Holzdielen unter den Füßen, die bei jedem Schritt ein leises Geräusch von sich geben. – Beinahe so, als ob sie von vielen schönen Geschichten erzählen. – Es ist angenehm warm und auf der Terrasse angekommen, kletterst du in die Hängematte. – Du machst es dir so richtig bequem. – Sanft wiegst du hin und her. – Du genießt dieses schöne Gefühl und du fühlst dich rundum wohl.

Nun siehst du dich um und wohin du auch schaust, hängt noch leichter Nebel tief über den Wiesen. – Der leichte Wind lässt die Felder leise rauschen und du freust dich, diesen besonderen Moment zu erleben.

Am hellblauen Himmel sind noch einzelne Sterne zu sehen. – Und langsam kündigt sich die Sonne mit einem gelb leuchtenden Streifen am Horizont an. – Du hörst leise das Klappern von Geschirr aus der Küche – in diesem schönen Moment bist du glücklich und fühlst dich ganz geborgen.

Der nun hellrosafarbene Horizont mischt sich mehr und mehr mit dem Blau des Himmels und du bestaunst einen wunderschönen Sonnenaufgang. – Noch liegt etwas Nebel über den Wiesen, doch die Baumwipfel werden nun goldgelb von den ersten Sonnenstrahlen angestrahlt.

Tief atmest du diese gute Luft des Morgens ein und entdeckst, wie ein hübscher, kleiner Fuchs am Waldrand entlangschleicht. – Er hebt den Kopf und streckt seine Nase ebenfalls Richtung Sonne in die Luft. – Der kleine Fuchs bemerkt dich und sieht dich für einen Moment ruhig und forschend an. – Eure Blicke treffen sich und du spürst, dass dich dieser kurze Augenblick mit dem kleinen Fuchs verbindet. – Gemeinsam genießt ihr diesen wunderbaren Morgen und ein schönes Glücksgefühl erfüllt dich.

Zwischen den Bäumen strahlt jetzt die Sonne in ihrer vollen Pracht und taucht alles in warme Sommerfarben. – Der kleine Fuchs ist weitergezogen, die Luft ist frisch und duftet nach frischem Gras. – Du fühlst die warmen Sonnenstrahlen angenehm auf deiner Haut. – Ein leichter Wind streicht angenehm durch deine Haare und mit dem Gefühl von Ruhe und Freude kehrst du nun entspannt und glücklich in den Tag zurück.

Atme tief ein und bewege dabei langsam deine Hände und Füße, so wie es gerade angenehm für dich ist. – Spüre, wie die Energie mit dem nächsten Atemzug durch deinen Körper fließt, strecke und recke dich dabei vorsichtig. – Öffne deine Augen und atme noch einmal tief ein und aus. – Setze dich langsam aufrecht hin. – Du bist wieder im Hier und Jetzt.

Entspannt und ausgeruht erinnerst du dich bei der nächsten Gelegenheit daran, deine Nase wie der kleine Fuchs neugierig in die Luft zu halten, um den Tag mit allem, was er dir zu bieten hat, zu erforschen und zu genießen.

Wie wäre es, wenn ihr die nächsten Seiten gemeinsam mit einer eigenen Geschichte füllt? Vielleicht wenn ihr auch ein Tier beobachtet oder zusammen einfach einen schönen Tag erlebt habt.

GABY GANS – für einen tierisch schönen Schlaf

Gut, dass du eine kleine Pause vom manchmal turbulenten Alltag
machst. Mache es dir so bequem wie möglich. – Lege dich oder setze
dich gemütlich hin und schau, ob du alles bei dir hast, was du für unsere
Fantasiereise brauchst. Hier und jetzt ist nichts wichtig oder von Bedeutung. Diese Pause ist für dich, um Ruhe und Freude zu erleben, damit du
hinterher gestärkt und mit neuer Energie in den Tag zurückkehren
kannst.

Konzentriere dich auf deine Atmung – atme einmal tief durch die Nase
ein und lass dabei deinen Bauch wie ein kleiner Luftballon wachsen.
Atme durch den Mund wieder aus und lass einfach alles los und angenehm schwer werden. – Noch einmal tief durch die Nase ein – und durch
den Mund langsam wieder aus.
Spüre, wie du immer mehr zur Ruhe kommst. – Nun achte darauf, wie
du die Unterlage berührst – fühle die angenehme Schwere, die dich tiefer einsinken lässt. – Dein Gesicht entspannt sich – die Stirn wird ganz
weich und glatt – du lässt den Mund locker und deine Schultern werden
angenehm schwer.

Du atmest in deinem Rhythmus weiter und dein Bauch hebt und senkt
sich sanft. – Du wirst immer ruhiger und fühlst dich rundum wohl.
Jetzt in diesem Moment gibt es nichts für dich zu tun – deine Gedanken
kommen und gehen von allein wieder, wie die bunten Herbstblätter, die
im Wind umhertreiben. – Nun freue dich auf eine fantastische Begeg-
nung mit der lieben Gaby Gans. Sie ist eine Traumgans und nimmt dich
mit auf eine kleine Reise durch die wunderschön bunte Herbstlandschaft.

Stell dir vor, du stehst an einem wunderschönen Waldeingang. – Es ist
ein sonniger Herbsttag, die Sonne steht schon etwas tiefer und taucht

die Umgebung in ein warmes Licht. – Du trägst eine warme Jacke – ein leichter Wind weht angenehm durch deine Haare. – Da flattert plötzlich eine wunderschöne Gans über dir. Sie spricht dich an: „Hallo, ich bin deine Freundin Gaby Gans und ich möchte dir die wunderschöne Herbstlandschaft zeigen. Kommst du mit?" „Ja", sagst du begeistert und je näher Gaby Gans zu dir herunterfliegt, desto größer und schöner wird sie. – Bis sie neben dir landet und du, wie durch ein Wunder, ihr gerade mal bis zum Hals reichst. – Langsam senkt sie ihren Kopf bis kurz über den Boden, damit du bequem aufsteigen kannst. „Komm, steig hoch auf meinen Rücken und halte dich einfach an meinem Hals fest. Ich passe auf dich auf."

Das Federkleid von Gaby Gans ist kuschelig weich und warm. – Du sitzt sicher, hältst dich an ihrem Hals fest und schon hebt sie laufend, mit ein paar kräftigen Flügelschlägen vom Boden ab. – Du genießt dieses kribbelnde Gefühl im Bauch und fühlst dich wohl und geborgen auf dem Rücken von Gaby Gans.

Hier oben hast du eine fantastische Aussicht. – Die Sonnenstrahlen funkeln und du genießt diesen Anblick. – Du fragst dich, ob du nun so klein oder Gaby Ganz so groß ist, aber es gefällt dir und du fühlst dich leicht und frei.

Der Wind weht angenehm in dein Gesicht und die großen, kräftigen Bäume werden allmählich kleiner. – Du siehst ihre starken Äste, an denen sie ihre Blätter in den buntesten Farben tragen. – Über euch ist der strahlend blaue Himmel. – Gemeinsam mit Gaby Gans genießt du diese friedliche Atmosphäre des Fliegens, und begleitet von den schönen Farben, fühlst du dich wunderbar ruhig und glücklich.

„Es ist die Zeit der Ernte", erzählt Gaby Gans, „die Bäume tragen ihre Früchte, es ist die Zeit der Samen und Nüsse. – Da gibt es Eicheln, Haselnüsse und Kastanien – ein wahres Paradies für die Waldtiere."

Gaby Gans fliegt ruhig und sicher eine große Kurve und von Weitem kannst du inmitten des Waldes das Glitzern von Wasser erkennen. „Wir fliegen nun zu meinem Lieblingsplatz, an dem wir meine Freunde treffen."

Die große wunderschöne Lichtung kommt langsam immer näher. – Für die Landung umschlingst du den Hals von Gaby Gans sanft und spürst ihr weiches und warmes Federkleid. – Langsam neigt sie wieder vorsichtig ihren Kopf tief über den Boden, damit du dich bequem hinuntergleiten lassen kannst.

Der Waldboden mit seinen bunten Blättern gibt angenehm weich unter deinen Fußsohlen nach. – Du hast wieder Boden unter deinen Füßen und deine Schritte rascheln leise im Laub. – Die noch wärmenden Sonnenstrahlen fallen angenehm in dein Gesicht. – Du bist glücklich und fühlst dich ganz und gar wohl.

„Hier an den flachen Teichen, umrandet von den schützenden Bäumen, fühlen wir uns sehr wohl", erzählt Gaby Gans. „In der Nähe befinden sich offene feuchte Grünflächen, bei denen wir genügend Futter finden, doch gegen den frühen Abend treffen wir uns hier an dem etwas geschützteren Ort. Schau, da kommen meine Freunde."

Du schaust nach oben und erkennst die vielen schwarzen Punkte. – Dann hörst du ganz leise die ersten Rufe. – Lange Ketten von Wildgänsen sind es, die auf ihrem Weg zu ihrem Schlafplatz immer näher kommen.

Glücklich beobachtest du, wie eine Gans nach der anderen im flachen Wasser landet und mit ihrem fröhlichen Geschnatter Gaby Gans und dich begrüßt. – Du freust dich, winkst fröhlich, und dankbar für dieses Erlebnis, schaust du dem Treiben noch ein Weilchen zu. – Langsam wird das Licht sanfter und in der herannahenden Dämmerung liegt der flache Teich mit der Schar von Gänsen vor dir.

„Es wird nun Zeit für dich zurückzukehren", sagt Gaby Gans leise und neigt ihren Kopf wieder tief über den Boden. – Geübt kletterst du auf ihren weichen Rücken – du hältst dich fest und schon schwingt ihr euch wieder behutsam in die Luft. – Am Horizont geht über dem Wald langsam die Sonne unter. – Du schmiegst dich an ihre warmen und kuschelig weichen Federn. – Du fühlst dich wohl und geborgen. – Gaby Gans fliegt dich nach Hause und du schließt sanft deine Augen. – Die rhythmischen Flügelschläge im Wechsel mit den gleitenden Flugphasen schwingen dich langsam und immer weiter in einen angenehm müden Zustand. – Gaby Gans und ich passen auf dich auf – du kannst dich sicher und geborgen in einen wunderbaren Schlaf sinken lassen.

Meine Stimme wird leiser und leiser – du lässt immer mehr los und freust dich auf einen erholsamen Schlaf mit den schönsten Träumen – aus denen du morgen früh glücklich und ausgeruht aufwachen wirst. – Gute Nacht – schlaf schön, ich bin bei dir.

Vielleicht beobachtet ihr im Herbst gemeinsam die faszinierenden Flugmanöver der Gänse. Achtet auf ihre Rufe und die langen Gänseketten auf ihrem Weg zu ihrem Schlafplatz.

DIE BOOTSFAHRT – für Energie und Selbstvertrauen

Gut, dass wir diese kleine Pause vom lauten und fordernden Alltag nehmen. Mache es dir so bequem wie möglich, am besten träumen kann man
an einem ruhigen gemütlichen Ort. Gemeinsam schauen wir, dass du für
diese Pause ungestört bist. Vielleicht magst du dich bei mir anlehnen.
Diese Fantasiereise ist nur für dich, um hinterher mit Spaß und mit neuer
Stärke in den Tag zurückzukehren.

Wenn du so weit bist, starten wir nun mit den Vorbereitungen zu einer
schönen Bootsfahrt. Schließe sanft deine Augen und achte mal darauf,
wie dein Körper die Unterlage berührt. – Wie deine Füße – die Beine – das
Gesäß und der Rücken – deine Schultern – Arme – Hände und zuletzt auch
dein Kopf die Unterlage berühren.
Nun vergleiche die rechte und die linke Seite. Berühren deine Füße die
Unterlage genau gleich? – Liegen die Arme, deine Hände und die Fingerspitzen gleichmäßig auf der Unterlage? – Oder berührt ein Arm oder eine
Hand dabei etwas anders die Unterlage als die andere? – Dabei gibt es
kein Richtig oder Falsch, alles liegt einfach entspannt mit seinem Gewicht
auf.

Nun richte deinen Blick nach innen. Nimm wahr, wie du atmest. – Ruhig
und gleichmäßig hebt und senkt sich deine Brust und dann dein Bauch. –
Ruhig und langsam. – Mit der Atmung kommst auch du immer mehr zur
Ruhe. – Lass alles fließen und entspanne dich dabei immer mehr. – Du
spürst, wie deine Stirn ganz glatt ist – du lässt den Kiefer locker und vielleicht öffnet sich dein Mund dabei ganz leicht.
Langsam nimmst du die Geräusche um dich herum immer weniger wahr.
– Lass einfach alles los. – Achte nicht mehr auf Signale oder Gedanken,
die auf dich einströmen. – Auch deine Atmung geht von ganz allein, be-
obachte sie nur – wie es ruhig und sanft weiter atmet.

Du weißt, alles ist so, wie es jetzt ist, gut. – Ich bin hier bei dir – du bist ganz zufrieden – entspannt und geborgen. – Da ist Ruhe und wohlige Schwere. – So mischen sich nun diese Eindrücke, Atemzug um Atemzug kommen sie und gehen sie. – Es sind Wahrnehmungen und tiefe Gedanken in dir. – Sie kommen und gehen – hin und her – wie ein Boot im leichten Wellengang.

Stell dir nun vor, du bist Kapitän auf einem schönen, weißen Boot. Ich bin dein Matrose und gebe auf dich acht. – Es ist ein mittelgroßes Segelboot mit zwei Masten. – Im kleinen Hafen liegen noch einige andere Boote. – Es ist ein warmer Frühlingstag und die Sonne scheint. – Genau richtig für eine kleine Bootsfahrt. – Du hast freien Blick auf den unendlich blauen Himmel und das tiefblaue Meer.
Du stehst am Ruder, ganz sicher und geschützt, und schaust nach oben, ob die Segel gut im Wind stehen. – Die Wärme der Sonnenstrahlen geht durch deinen ganzen Körper. – Gemeinsam verlassen wir den Hafen und du steuerst das Boot gekonnt aus dem Hafen, an der Küste entlang. – Der leichte angenehme Wind weht dir ins Gesicht. – Du fühlst dich frei auf den Weiten des Ozeans.

Du nimmst Kurs auf das Meer hinaus und ein paar Möwen begleiten uns. – Sanft gleitet das Boot weiter über die fast spiegelglatte See. Du genießt die Ruhe und die Kraft, die dich mit der See und diesem Boot verbinden. – Du beobachtest die Meeresoberfläche und erkennst in der Ferne, wie eine Windböe die sonst glatte See leicht aufkräuseln lässt. – Noch ist bei dir auf deinem Boot eine angenehme, warme Windstille.
Du sitzt in der Sonne und beobachtest, wie sich die unsichtbare Böe über die Wasseroberfläche bewegt, wie sie näher und näher kommt.
Als der Wind das Boot langsam erfasst, spannen sich die Segel und das Boot wird angeschoben. Die Meeresluft weht dir dabei ins Gesicht und das Gefühl ist überwältigend schön, denn mit dem Wind fliegt alles, was du nicht brauchst, einfach davon.

Du stehst im Wind, lehnst dich dagegen und spürst die Energie und Stärke in dir. – Die Möwen begleiten dich noch immer und mit sicheren Armbewegungen steuerst du das Segelboot über das Meer. – Du lächelst, denn in diesem Moment steuerst du dein Boot. – Du hältst es mit deinen Händen und mit deinem Körper.

Als der Wind nachlässt, wird es wieder ruhig. – Langsam kommt das Land näher und du bereitest die Rückkehr vor. – Die Wellen klatschen rhythmisch gegen den Bug. – Die Sonne scheint dir angenehm warm ins Gesicht und die Luft streicht durch deine Haare.

Glücklich genießt du, wie diese schöne Energie durch deinen ganzen Körper fließt. – Wärmend von den Füßen in die Beine, durch deinen Bauch in die Brust, weiter in deine Arme bis in die Fingerspitzen. – Du riechst die frische Seeluft. – Du bist vollkommen zufrieden. Dein Geist ist frei und ruhig. – Gelöst und voller Zufriedenheit lenkst du nun dein Boot langsam wieder Richtung Hafen. – Du legst dein Boot mit Leichtigkeit ganz sicher am Pier an und mit dem Gefühl von Freude und Zufriedenheit kehrst du langsam in den Tag zurück.

Atme tief ein und bewege dabei langsam deine Hände und Füße, so wie es sich gut für dich anfühlt. – Spüre, wie die Energie mit dem nächsten Atemzug durch deinen Körper fließt, recke und strecke dich dabei vorsichtig. – Vielleicht magst du dich noch für einen Moment auf deine Lieblingsseite legen. – Öffne deine Augen und atme noch einmal tief ein und aus. – Setze dich langsam aufrecht hin. – Du bist wieder in deinem Hafen, im Hier und Jetzt. – Voller Freude steuerst du nun weiter durch den Tag.

Seid ihr schon mal Boot gefahren? Einen Besuch in Hamburg und eine Hafenrundfahrt kann ich sehr empfehlen.

DIE WÜSTENOASE – für einen traumhaften Schlaf

Schön, dass du eine Reise ins Land der Träume unternehmen möchtest. Ich habe den Reiseplan dazu. Lege dich hin, strecke dich aus und mache es dir so richtig schön bequem. – Wenn du bereit bist, atme einmal tief ein und wieder aus und versuche, dabei jede Muskelanspannung loszulassen. – Schließe die Augen und spüre, wie dein Körper auf der Unterlage liegt. – Spüre, wie deine Fersen aufliegen und die Füße locker auseinandersinken.
Deine Waden, Oberschenkel und das Gesäß sind weich und entspannt. – Spüre, wie dein Rücken sich wohltuend an die Unterlage schmiegt. – Die Schultern ziehen mit einer angenehmen Schwere nach unten. – Deine Brust und der Bauch sind entspannt und weich. – Und auch der Nacken und dein Kopf ruhen sicher, leicht und angenehm auf deiner Unterlage.

Achte nun auf deine Atmung, dieses sanfte Heben und Senken, das von ganz allein passiert, während du immer mehr zur Ruhe kommst. – Löse jede Anspannung aus deinen Armen, deinen Händen und Fingern. – Dann entspanne deine Stirn und lass deinen Mund ganz locker.
Packe nun alle Gedanken des Alltags auf eine schöne weiße Wolke und lass sie vom Wind davontragen. – Einfach loslassen. – Du bist hier und jetzt, du braucht nun nichts zu tun. – Du fühlst dich gut – du atmest ruhiger und tiefer – nichts kann dich stören.

Stell dir vor, du begibst dich auf eine Reise in den Orient. – Du bist an einem anderen Ort auf dieser Erde, in einem anderen Land – du bist in einer Wüste, auf einem kleinen Marktplatz am Rande einer kleinen Stadt.

Exotische Düfte vermischen sich zu einem angenehmen Geruch und du staunst über die Vielfalt an Farben, die diese Landschaft zu bieten hat. – Ein Junge lächelt dich geheimnisvoll an und spricht dich in einer dir unbekannten Sprache an. – Auch wenn du seine Worte nicht verstehst, fühlst du dich eingeladen, ihm zu folgen, denn er möchte dir die Besonderheiten der Wüste zeigen. – Du nickst und folgst ihm voller Vertrauen.

Die heiße Luft flimmert über dem Sand. – Ein leichter Wind weht und du spürst den angenehm kühlenden Leinenstoff der Wüstenbekleidung auf deiner Haut.

Der Junge geht auf zwei Dromedare zu und berührt sie sanft an den Beinen. – Sie sind die Schiffe der Wüste und tragen die Menschen behutsam an einen anderen Ort. – Langsam gehen sie in die Knie und dann vorsichtig zu Boden. – Gemeinsam mit dem Jungen befestigst du sorgfältig Decken, Töpfe und Getränke an dem Sattel der Tiere.

Vorsichtig streckst du deine Hand aus und berührst eines der Tiere behutsam am Kopf. – Du spürst die Wärme und das weiche Fell an deiner Handfläche. – Vertrauensvoll schließt das Dromedar die Augen und der Junge gibt dir das Zeichen aufzusteigen. Er hilft dir in deinen Sattel.

Du sitzt sicher im Sattel, hältst dich gut fest und mit einer wiegenden Bewegung steht dein Dromedar auf. – Ein angenehm kribbelndes Gefühl geht durch deinen Bauch.

Wie selbstverständlich gehen die Tiere den Weg, langsam und gemächlich durch die Wüste. – Die federnden Schritte schaukeln dich angenehm und strahlen eine tiefe sichere Ruhe aus.

Schweigend liegt die unendliche Sandlandschaft mit den goldbeigen Dünen und dem schönen Wellenmuster vor dir. – Dein Blick geht in die unendliche Weite der Wüste und du bewunderst die gleichmäßige Farbe des Sandes. – Du genießt die Stille, die Weite und das grenzenlose Gefühl von Freiheit und Abenteuer.

Die Einfachheit der Wüste lässt dich spüren, wie wenig es braucht, um glücklich zu sein. – Mit Dankbarkeit für dieses wundervolle Erlebnis lässt du mit jedem wiegenden Schritt des Dromedars alles hinter dir, was dir keine Freude bereitet.

Der Junge zeigt auf etwas vor euch und bald erkennst du die Umrisse einer Oase, die ihr wenig später erreicht. – Majestätisch ragen die Palmen der

Oase in den unendlich klaren blauen Wüstenhimmel. – Farbenprächtige Blumen wirken wie bunte Farbflecken auf dieser grünen Insel mitten in der Wüste.

Der Junge gibt dir zu verstehen, dass ihr Rast macht und die Nacht hier verbringen werdet. – Dein Reittier geht behutsam, ganz vorsichtig und gemächlich in die Knie und sinkt für dich zu Boden. – Du bedankst dich freundlich bei dem Tier und steigst ab. – Als du wieder festen Boden unter den Füßen hast, hebst du den Blick und bewunderst die reiche Vegetation, die sich mitten in der Wüste entwickeln konnte.

Dann entdeckst du einen kleinen See. – Du gehst hin, kniest dich an den Rand – tauchst deine Hände in das klare kühlende Wasser und trinkst einen Schluck. – Das Wasser rinnt dir ganz angenehm die Kehle hinunter. – Es erfrischt dich, es gibt dir Kraft und Erholung. – Dann bringst du auch den Tieren etwas Wasser.

Das Licht wird sanfter und gemeinsam mit dem Jungen gehst du eine angrenzende Düne hoch. – Oben angekommen, setzt ihr euch schweigend in den noch warmen Sand und du erlebst einen atemberaubenden Sonnenuntergang, der den Wüstensand scheinbar in Flammen aufgehen lässt. – Dankbar und ruhig genießt du diesen Augenblick.

Unter dem glitzernden Sternenhimmel liegst du nun müde, sicher und glücklich am Lagerfeuer. – Der Junge hält Wache und du spürst, wie dieses wundervolle Erlebnis, diese Ursprünglichkeit der Natur, dir Kraft und Vertrauen schenken. – Die Erde gibt, die Erde nimmt. – Und du fühlst einen tiefen Frieden in dir.

Unsere Fantasiereise in die Wüste geht hier langsam zu Ende. – Du lässt deine Gedanken weiter los und sinkst in einen schönen Schlaf – der dir Ruhe und neue Kraft für den nächsten Tag schenkt. – Immer tiefer sinkst du in einen wunderbar gelösten Zustand. – Meine Stimme wird leiser und immer leiser – lass es geschehen. – Schlaf gut, träume was Schönes und bis morgen früh.

Beim nächsten Besuch im Zoo mögt ihr ja vielleicht diese „Wüstenschiffe" mal besuchen. Bestimmt freuen sich die Dromedare auf euren Besuch, bei dem es möglicherweise noch mehr über ihre Herkunft zu erfahren gibt. Aber auch im Netz findet ihr bestimmt schöne Bilder und Interessantes aus der Welt dieser faszinierenden Tiere.

EIN FRÜHLINGSTAG – für Freude und Motivation

Schön, dass du bereit bist, eine kleine Pause von den Aufgaben des Alltags zu machen. Diese Pause hilft uns dabei, uns zu erholen und auszuruhen, damit wir hinterher frisch und mit Spaß in den Tag zurückkehren
können.
Mache es dir so gemütlich wie möglich. – Nimm dir die Zeit, eine angenehme Position zu finden. – Vielleicht magst du die Socken ausziehen
und dich mit einer Decke zudecken.

Lege deine Hände bequem auf den Bauch, oder die Arme liegen locker
neben dir – deine Beine und Füße sind entspannt und haben ebenfalls
eine bequeme Position.
Schließe nun deine Augen und spüre deine Atmung. – Sanft hebt und
senkt sich dein Bauch von ganz allein – während du langsam immer ruhiger und ruhiger wirst.
Du hörst meine Stimme und mit jedem Geräusch, jedem Gedanken, der
kommt und wieder geht, wirst du immer ruhiger und sinkst noch tiefer
in einen wohligen Zustand.

Spüre nun die Punkte, mit denen du die Unterlage berührst. – Fühle, wie
deine Füße locker da liegen – entspanne deine Beine, hinauf bis zum Gesäß. – Fühle mal nach, wie dein Rücken die Unterlage berührt und wie
deine Schultern angenehm schwer nach unten ziehen. – Dein Atem
fließt ganz von allein und mit jedem Ausatmen tauchst du in einen angenehm ruhigen Zustand. – Du lässt deinen Kiefer locker und vielleicht öffnet sich dein Mund leicht – während du immer ruhiger und gelöster
wirst.

Ein angenehmes Gefühl breitet sich immer mehr und mehr in dir aus. –
Du achtest auf meine Stimme – alles um dich herum wird weich und

sanft. – Du fühlst dich wohl und geborgen. – Nun lass alles fließen – damit deine Traumreise beginnen kann.

Du stehst am Eingang zu einem wunderschönen Park. – Der kleine Weg vor dir führt dich in diese wunderschöne Parkanlage. – Du schaust hoch und siehst den strahlend blauen Himmel durch die Kronen der kräftigen Bäume, die sich sanft im leichten Wind bewegen. – Die Sonne scheint und ihre Strahlen tanzen durch die Blätter der Bäume über den Boden.

Es ist Frühling und du spürst die angenehme Wärme der Sonne in deinem Gesicht – und auf deinen Händen. – Langsam gehst du den Weg entlang in den Park hinein. – Du siehst dich um und wohin du auch schaust, siehst du saftig grüne Wiesen und Sträucher mit Blüten in den bezauberndsten Farben – ein wahres Farbenmeer.
Ein leichter Wind streicht angenehm durch deine Haare. – Es ist ein herrlicher Frühlingstag. – Tief atmest du den Geruch von frisch gemähtem Gras und süßem Blütenduft ein. – Die Vögel zwitschern sich fröhlich zu und du genießt diesen Moment in vollen Zügen.
Langsam gehst du den Weg weiter, hier an diesem friedlichen Ort, umgeben von den wunderschönen Farben und dem fröhlichen Gezwitscher der Vögel fühlst du dich zufrieden und glücklich.

Etwas weiter entdeckst du einen schönen Platz und in der Mitte steht ein großer Stein – ein Felsen, der sich hellgrau von der saftig grünen Wiese und dem strahlend blauen Himmel abhebt.
Du erreichst diese Lichtung, gehst auf den Stein zu und bemerkst die Ruhe und Kraft, die von ihm ausgeht. – Du streckst die Arme aus und fühlst, wie angenehm glatt sich die Oberfläche in deinen Handflächen anfühlt.

Gemütlich setzt du dich auf die Wiese und lehnst dich an den Stein an. – Du schließt die Augen und die Kraft dieses Ortes umgibt dich mehr und

mehr. – Völlig ruhig genießt du, wie diese Energie durch deinen Körper fließt. – Wärmend durch deine Arme bis in die Fingerspitzen. – Weit und frisch in deine Brust und in den Bauch – bis in die Hüfte. – Und angenehm wohltuend über die Oberschenkel bis in deine Füße.
Durch deine geschlossenen Lider nimmst du wahr, wie hell und freundlich deine Umgebung ist. – Die Luft ist süßlich frisch und klar. – Du fühlst dich wunderbar und du genießt jeden Atemzug.

Vollkommen zufrieden öffnest du langsam deine Augen und nimmst die Parkanlage noch mehr wahr. – Tief atmest du die wundervolle Luft ein – es ist Zeit weiterzugehen. – Du stehst auf und schaust dich noch mal um. – Lächelnd beobachtest du, wie zwei Eichhörnchen spielerisch einen Baum hoch und runter toben.

Langsam verlässt du diesen wunderschönen Ort, an den du jederzeit zurückkehren kannst. – Die Sonne strahlt noch immer wärmend durch die Bäume hindurch. – Mit dem Gefühl von Ruhe, Motivation, Freude und neuer Energie kehrst du nun glücklich in den Tag zurück. – Atme tief ein und bewege dabei langsam deine Hände und Füße, so wie es gerade gut für dich ist.

Spüre, wie die Energie mit dem nächsten Atemzug durch deinen Körper fließt, recke und strecke dich dabei vorsichtig. – Öffne deine Augen und atme noch einmal tief ein und aus. – Vielleicht magst du dich noch mal auf deine Lieblingsseite legen, um im Hier und Jetzt anzukommen.

Setze dich langsam aufrecht hin. – Fröhlich erinnerst du dich bei der nächsten Gelegenheit daran, dass du jederzeit einen wundervollen Frühlingstag erleben kannst.

Worauf im Frühling freut ihr euch besonders? Sind es die Blumen oder, dass ihr wieder mehr draußen unternehmen könnt? Schreibt, zeichnet oder malt es vielleicht auf den kommenden Seiten.

EIN- UND ABTAUCHEN – für einen schwerelosen Schlaf

Schön, dass du Lust auf eine kleine Reise ins Land der Träume hast. Am Ende dieser Traumreise kannst du in einen wohltuenden, schönen Schlaf gleiten, damit du morgen ausgeruht all die neuen Abenteuer, die der neue Tag zu bieten hat, erleben kannst.

Lege dich in dein Bett, mache es dir so bequem wie möglich und schau, dass du alles bei dir hast, was du für deine Reise ins Land der Träume brauchst.

Jetzt, in diesem Augenblick, ist nichts wichtig oder von Bedeutung. Diese Entspannungsreise ist für dich, um Ruhe und Freude zu finden, damit du hinterher sanft und glücklich einschlafen kannst.

Deine Arme liegen locker neben dir, oder du legst deine Hände auf den Bauch, so wie es sich für dich gerade angenehm anfühlt. – Schließe nun deine Augen, atme einmal tief durch die Nase ein, lass die Luft in deinen Bauch fließen und atme langsam durch den Mund wieder aus.

Fühle, wie du beim Ausatmen alle Muskeln loslassen kannst und du immer mehr zur Ruhe kommst. – Atme noch mal tief durch die Nase ein – und langsam durch den Mund wieder aus.

Spüre, wie deine Schultern leichter werden, dein Kiefer sich lockert und du dich immer leichter fühlst. – Spüre deine Atmung, das sanfte Heben und Senken, was von ganz allein passiert.

Bei jedem Ausatmen fließt die Anspannung aus deinen Händen und Füßen – dein Nacken, dein Gesicht und dein Kiefer werden immer gelöster und ganz weich.

Langsam kommt auch dein Körper zur Ruhe, du spürst, wie du dich allmählich von dem Hier und Jetzt löst – und in einen wunderbaren, erholsamen Zustand gleitest.

Atme nun in deinem Rhythmus weiter. – Dein Bauch hebt und senkt sich – so wie deine Gedanken kommen und von ganz allein wieder gehen –

wie die leichten kleinen Wellen am Meer, die das Wasser zum Strand hin und wieder zurückfließen lassen.

Stell dir vor, du bist an einem wunderschönen Strand. – Umrandet von schützenden Felsen – und vor dir das tiefblaue Meer. – Die Sonne scheint und du spürst ihre Wärme angenehm auf deiner Haut. – Dein Lieblingsmensch ist bei dir und wohin du auch schaust, siehst du die schützenden Felsen – schöne Palmen, die Schatten spenden – den feinen weißen Sand und dieses unendliche blaue Meer.

Es ist herrlich und die Sonne wärmt dich. – Diese Wärme breitet sich in deinem ganzen Körper aus. – Du fühlst dich wohl – du fühlst dich wohl und ganz ruhig.

Du ziehst dir deine Schwimmflügel an und gemeinsam mit deinem Lieblingsmenschen gehst du langsam über den Strand Richtung Wasser. – Bei jedem Schritt fühlst du, wie wohltuend weich der Sand sich unter deinen Füßen und zwischen deinen Zehen anfühlt.

Begleitet von dieser schönen Natur, schlendert ihr gemeinsam zum Wasser. – Du freust dich schon hineinzugehen und die leichte Brandung umspült deine Füße. – Das Wasser ist klar und angenehm warm.

Mit deinem Lieblingsmenschen an der Hand gehst du weiter hinein – deine Fingerspitzen berühren sanft die Wasseroberfläche – und mit jedem Schritt fühlst du mehr und mehr die Leichtigkeit, mit der dich das Wasser umgibt.

Langsam lässt du dich ins Wasser sinken – streckst deine Arme nach vorne und tauchst in das spiegelglatte Wasser ein. – Mit beiden Händen an deinem Bauch, hält dich dein Lieblingsmensch auf angenehme Weise an der Wasseroberfläche. – Du schmeckst ein wenig das Salz auf deinen Lippen. Schwerelos gleitest du im Wasser – ganz ruhig und entspannt. – Nun wendest du dich auf den Rücken – dein Lieblingsmensch stützt deinen Rücken und trägt dich – so, dass du dich einfach treiben lassen kannst – ganz schwerelos. – Du schließt die Augen und atmest langsam und fließend ein und aus.

Du fühlst dich geborgen und mit dem Meer verbunden. – Hier kannst du alles loslassen und in die Welt des Meeres eintauchen.

Das warme Wasser umspielt angenehm deinen Körper. – Die Wasseroberfläche umrahmt jede Stelle deines Körpers – legt sich angenehm um deine Fersen, um die Konturen deiner Beine – es trägt dein Gesäß – deinen Oberkörper – umspielt angenehm deine Arme und jeden einzelnen Finger – dein Kopf liegt leicht und schwerelos vom Wasser getragen.

Wärmend scheint die Sonne in dein Gesicht. – Dein Lieblingsmensch wiegt dich mit den Bewegungen des Wassers sanft hin und her.

Die Sonnenstrahlen fallen auf deine Brust und auf deine Arme. Du fühlst die wohltuende Wärme auch auf deinem Bauch – auf den Oberschenkeln und auf deinen Füßen. Während das Meer dich sanft weiter wiegt, lässt du dich treiben, schwerelos, geborgen und glücklich.

Alles, was dir nicht gefällt, lässt du los – und lässt es mit den sanften Bewegungen des Wassers wegfließen.

Du bist eins mit dem Meer. – Das Gefühl der Unendlichkeit, Leichtigkeit und Freiheit erfüllt dich. – Mit jedem Einatmen spürst du, wie diese milde Meeresluft eine Wohltat für deinen ganzen Körpers ist.

Eine leichte Brise streicht dir über das Gesicht – du schaust in den Himmel und siehst hübsche kleine Wolken vorüberziehen.

Du fühlst dich wohl – du fühlst dich wohl, leicht und glücklich.

Mit diesem Gefühl gehst du mit den Wölkchen nun in das Land der Träume und gleitest in einen tiefen erholsamen Schlaf. – Deine Gedanken fließen weiter und deine Glieder werden dabei immer schwereloser. – Meine Stimme wird leiser und du sinkst immer weiter in einen angenehmen, wohltuenden Schlaf.

Gute Nacht, schlaf schön.

Beim nächsten Badespaß könnt ihr das "Wasser-Tragen" vielleicht mal ausprobieren. Dazu liegt dein Kind auf dem Rücken im Wasser. Du stehst dabei und hältst eine Hand unter den Nacken und die andere Hand unter der Hüfte. Die Kleinen werden durch sanfte und leichte Bewegungen durch das Wasser getragen, d.h. hin und her bewegt. Dabei ist es wichtig, dass die Bewegungen sehr langsam durchgeführt werden. Ganz viel Spaß!

AUF DEM BAUERNHOF – entspannt Tiere kennenlernen

Schön, dass wir uns gemeinsam eine kleine Pause von den vielen Aufgaben des Alltags nehmen. Diese Auszeit hilft uns, auf schöne Weise auszuruhen, damit wir hinterher erholt und frisch in den Tag zurückkehren können. Kuschle dich mal so richtig gemütlich ein. – Mache es dir richtig bequem. – Vielleicht magst du dich noch mal etwas strecken und recken. – Probiere so lange aus, bis du angenehm und kuschelig liegst.

Jetzt spüre mal unter deinen Po, fühlst du, wie er auf der Unterlage liegt? – Dein Kopf liegt ebenfalls ganz bequem darauf – deine Schultern sind locker und deine Arme liegen entspannt neben deinem Körper. – Mit deinem Atem hebt und senkt sich deine Brust und dein Bauch – sie sind warm und ganz weich. – Dein Körper liegt mit einer angenehmen Schwere auf der Unterlage – auch deine Beine liegen ganz gelöst auf der Unterlage und deine Füße sind schön warm.

Dein Atem fließt durch den ganzen Körper – ein und aus – ein und aus – alles ist ruhig – alles ist angenehm warm und weich. – Lass dir Zeit, spüre deinen Atem, spüre deinen Körper und die Wärme, die dich umgibt. – Ganz von allein atmest du ruhig weiter – und ganz langsam gleitest du in deine Traumwelt – völlig ruhig und entspannt, ein- und ausatmen – lass dir Zeit.

Stell dir nun in deiner Traumwelt vor, dass du mit deinen Freunden vor einem großen Hoftor stehst. – Die Sonne scheint und du fühlst ihre Wärme angenehm auf deiner Haut. – Von Weitem kannst du ein lautes Muhen hören – und du freust dich schon auf den Ausflug zum Bauernhof.

Langsam nähert sich ein Traktor mit einem großen Anhänger. – Eine Bäuerin hält bei dir und deinen Freunden an und lädt euch freundlich ein, auf dem Anhänger mitzufahren. – Eine feste Leiter führt euch zu den Sitzplätzen auf dem Hänger und kurz darauf geht es auch schon los.

– Die Bäuerin fährt über einen Acker – der Anhänger schaukelt lustig hin und her – hoch und runter. – Wie auf der Kirmes quietschen auf dem Anhänger alle vor Vergnügen. – Es macht dir großen Spaß, die Landschaft so zu erleben.

Am Hof angelangt, steigst du vom Anhänger runter und schaust dich um. – Es riecht nach der guten Landluft und du bestaunst den großen, schönen Hof mit anliegenden Stallungen. – Auf einmal stupst dich etwas an die Hand. – Es ist Hofhund Fido, er sieht dich mit seinen lieben Augen an und will dir etwas zeigen.

Ein paar Schritte weiter suhlen sich kleine Ferkel im Schlamm und quieken dabei fröhlich. – Sie rennen verspielt hintereinander her und ihre Körper sind braun vor Schlamm. – Jetzt haben sie dich entdeckt und laufen zu dir – lachend läufst du am Zaun entlang mit den kleinen Ferkeln um die Wette.
Da stupst dich Fido wieder an. Er möchte dir noch mehr von seinem Zuhause zeigen und du folgst ihm. – An einem Stall angelangt, hörst du es muhen. Ein kleines Kälbchen steht am Gatter und schaut dich mit seinen großen kugelrunden Augen an. – Vorsichtig streckst du die Hand aus und berührst es sanft am Kopf. – Du spürst die Wärme und das weiche Fell in deiner Handfläche. – Dem Kälbchen scheint es zu gefallen, denn es drückt ganz leicht seinen Kopf gegen deine Hand.

Du gehst weiter und verlässt den Stall wieder. Fido geht vor und führt dich nun weiter zu einer Wiese. – Von Weitem siehst du, wie kleine Zicklein lustig auf der Wiese herumspringen. – Auf der Wiese liegen große Baumstämme und Steine – wild springen die Zicklein hoch und runter und schubsen sich im Spiel gegenseitig runter. – Du setzt dich auf die Wiese und schaust dem lustigen Treiben zu. – Fido legt sich gemütlich neben dich und du kannst sein weiches Fell an deiner Seite spüren. – Du fühlst dich glücklich und rundum wohl.

Nach einer Weile kommen auch deine Freunde dazu und gemeinsam macht ihr die Bauernhofbesichtigung nun weiter. – Auf einer anderen Wiese grasen friedlich Schafe und ihre kleinen Babys, die Lämmer. – Mit einem langgezogenen Bääähhh rufen die Kleinen nach ihrer Schaffamilie und nach Futter. – Deine Freunde haben von der Bäuerin etwas Futter mitbekommen – sie geben dir eine Handvoll davon ab und wenn du magst, kannst auch du die Lämmer damit füttern.

Fido möchte dir und deinen Freunden nun seine eigene Familie vorstellen – seine Frau und seine Kinder. – Gemütlich schlendert ihr zurück zum Hof, wo neben dem Haus eine schöne und große Hundehütte steht. – Vorsichtig gehst du in die Knie und schaust hinein. – Anfangs ist es sehr dunkel, weil deine Augen sich vom hellen Sonnenlicht erst an die dunklere Hütte gewöhnen müssen. – Und dann erkennst du, wie die hübsche Hundemama gerade ihre vier Hundebabys säugt. – Die Welpen sind noch klein, haben kugelrunde Bäuchlein und bekommen vor lauter Hunger euren Besuch gar nicht mit.
Ganz leise schauen nacheinander auch deine Freunde Fidos Familie an und hinterher seid ihr euch einig, dass das das Süßeste ist, was ihr bisher hier auf dem Bauernhof gesehen habt.

Fido sitzt ganz stolz neben seiner Hütte und nun ist es langsam Zeit, sich von ihm zu verabschieden, denn er muss jetzt auf seine Welpen aufpassen, damit seine Hundefrau sich ausruhen kann.

Nun wird es Zeit wieder zurückzugehen. – Gemeinsam mit deinen Freunden gehst du wieder zurück zu dem Traktor. – Diesmal wartet der Bauer auf euch und fährt euch mit dem schaukelnden Hänger wieder über den Acker zum Tor zurück. – Angekommen, verabschiedest du dich von ihm und dem Bauernhof – er winkt dir zu und du weißt, dass du ihn immer wieder besuchen darfst. – Dann gehst du durch das Tor zurück.

Konzentriere dich nun auf deinen Atem – wie die Luft ein- und ausströmt und dabei dein Oberkörper und dein Bauch sich leicht heben und senken. – Du fühlst dich ganz ruhig, glücklich und entspannt.

Nun kehre langsam mit geschlossenen Augen aus deiner Traumreise zurück. – Fühle mal in deine Füße – deine Arme und balle die Hände leicht zu Fäusten – gib nur ein wenig Kraft hinein. – Bewege deine Füße – atme ganz tief ein und aus. – Strecke deine Arme und Beine, recke und strecke dich und öffne nun sanft deine Augen. Atme nochmals tief durch – du bist ganz wach, glücklich und entspannt.

Bei einem gemeinsamen Malnachmittag könnt ihr die Bauernhoftiere vielleicht mal gemeinsam malen. Welche Farbe hat Fidos Fell? Ist es weich und kuschelig? Und die Zicklein, vielleicht sind sie gefleckt und es gibt ganz schwarze, oder weiße? Auch die Hundehütte könnte auf dem Bild zu finden sein. Viel Spaß beim Malen.

EIN WALDSPAZIERGANG – für einen kraftspendenden Schlaf

Schön, dass wir gemeinsam eine kleine Reise ins Land der Träume unternehmen. Am Ende dieser Reise kannst du in einen angenehmen und erholsamen Schlaf gleiten. Damit du morgen ausgeruht und glücklich in einen neuen Tag mit vielen neuen Erlebnissen starten kannst.
Mache es dir in deinem Bett so richtig schön gemütlich. Gemeinsam achten wir darauf, dass dich nichts und niemand stören kann. – Jetzt, in diesem Augenblick, ist nichts wichtig und es gibt nichts mehr zu tun. – Lege dich hin und freue dich auf einen schönen Waldspaziergang, der dich ins Land der Träume bringt.

Lege dich auf den Rücken und die Arme liegen bequem neben dir. – Deine Beine liegen etwas geöffnet angenehm auf der weichen Unterlage und die Füße fallen ganz locker etwas zur Seite. – Atme nun einmal tief durch die Nase ein, die Luft fließt in den Bauch, der ganz rund wird, und durch den Mund atmest du langsam wieder aus. – Gleich noch mal – tief durch die Nase ein, und durch den Mund atmest du die ganze Luft wieder aus. – Dabei wirst du ruhiger und lässt deinen Körper immer mehr und mehr zur Ruhe kommen. – Spürst du, wie deine Schultern weich werden und leicht Richtung Unterlage sinken? – Du fühlst dich wohl und genießt, wie dein Körper angenehm schwer auf der weichen Unterlage liegt. – Ruhig atmest du in einem Rhythmus weiter, ein und wieder aus. – Jedes Mal werden deine Muskeln weicher und der Bauch hebt und senkt sich langsam wieder. – Auch deine Gedanken kommen und gehen von allein wieder, wie die kleinen, weißen Wolken, die am blauen Himmel über dir vorüberziehen.

Stell dir mal vor, du stehst in einem wunderschönen Wald. – Die Sonne scheint und ein sanfter Wind streicht angenehm über deine Haut. – Du siehst dich um und wohin du auch schaust, stehen große, kräftige Bäume. – Ihre verschlungenen Wurzeln sind fest und sicher mit der Erde verbunden und an den starken Ästen tragen sie saftig grüne Blätter. – Sie geben dir Sicherheit und du fühlst dich geborgen. – Hoch oben durch die Baumkronen ist der strahlend blaue Himmel mit ganz kleinen weißen Wölkchen zu sehen. – Sie sind ganz weit oben und ziehen langsam am Himmel vorüber. – Der Wind lässt die Blätter leise rauschen und die Luft ist voll von dem angenehmen, satten Duft der Erde.

Du magst diese friedliche Umgebung mit den majestätischen Bäumen und beginnst, einen Spaziergang durch den Wald zu unternehmen. In dieser beruhigenden Umgebung, begleitet von den schönen Farben, fühlst du dich wohl und geborgen. – Beinahe lautlos gibt der weiche Waldboden unter deinen Fußsohlen deiner Schuhe nach. – Das Gezwitscher der Vögel ist wie Musik an diesem Ort, der Kraft, Energie und Frieden ausstrahlt.

Nach einer Weile öffnet sich vor dir der Wald und eine wundersame Lichtung ist zu sehen. – Du gehst weiter und über eine kleine Holzbrücke führt der Weg an einem kleinen Bach entlang. – Das klare Wasser plätschert und glitzert in der Sonne. – Am Ufer blühen hübsche, bunte Blumen, die sich sanft im Wind wiegen. – Zwei kleine Schmetterlinge tanzen über den Blüten und mit jedem Schritt fühlst du Freude und Ruhe.

An der Lichtung angekommen bemerkst du, dass dies ein ganz besonderer Platz ist. Die saftig grüne Waldwiese mit den bunten Blüten zieht dich magisch an. – Du riechst den frischen Duft der Wiese und schaust dich um. – Es ist einfach traumhaft schön. – In der Mitte dieser Lichtung steht ein sehr alter Baum und seine Wurzeln sind mit grünem Moos bedeckt. – Es ist, als ob der Baum leuchtet, so wird er von der Sonne angestrahlt. – Du gehst auf ihn zu, streckst die Arme aus und fühlst, wie angenehm fest und sanft seine Rinde sich in deinen Handflächen anfühlt. – Gemütlich lehnst du dich an den Stamm. Er gibt dir Halt. – Du schließt die Augen und nimmst die Kraft des Baumes immer mehr und mehr in dich auf.

Du fühlst dich zufrieden und vollkommen glücklich – dein Gedanken sind frei und ruhig. – In diesem Moment merkst du, wie diese pure, positive Energie immer mehr zu deiner eigenen wird. – Du bist eingeladen, alles, was du nicht mehr brauchst, bei dem alten Baum zu lassen. Er nimmt dir alles Schwere ab. Und für dich wird es leichter und leichter.

Langsam nimmst du die Umgebung um dich herum noch mehr wahr. Die Vögel zwitschern sich fröhlich zu. – Ein Specht klopft gegen die Rinde eines Baumes und der leichte Wind weht dir durchs Haar. – Tief atmest du diese gute Waldluft ein und siehst, wie ein Reh am Rande der Lichtung bedächtig grast. – Es bemerkt dich, schaut auf und sieht dich für einen kurzen Augenblick ruhig an. – Es ist ganz im Vertrauen. – Du kannst das Vertrauen, das das Reh dir schenkt, spüren und ein schönes Glücksgefühl durchdringt dich.

Du schlenderst mit einem Lächeln weiter am Bach entlang und entdeckst auf dem Boden einen bernsteinfarbenen, schimmernden Stein. – Du hebst ihn auf und spürst die glatte Oberfläche in deiner Hand. – Das fühlt sich sehr gut an. Als kleine Erinnerung steckst du dir den kleinen Kraftstein in die Tasche und nimmst ihn mit.

Die Sonne strahlt noch immer wärmend durch die Blatter hindurch. – Mit dem Gefühl von Geborgenheit tauchst du nun weiter in die wundervolle Welt der Träume ein. – Meine Stimme wird leiser und immer leiser und du freust dich auf einen friedlichen Schlaf – der dich ausgeruht und kraftvoll in den nächsten Tag bringen wird.

Gute Nacht, schlaf schön und freu dich auf morgen.

Vielleicht begebt ihr euch bei der nächsten Gelegenheit auf die Suche nach einem solchen Kraftstein, der in der Tasche zu einem lieben Begleiter wird. Er kann daran erinnern, die schweren Dinge hinter sich zu lassen und mit einer positiven Energie und Leichtigkeit durch den Tag zu gehen.

ENDE

Vielen Dank, dass du dich für dieses Buch entschieden hast. Weiterhin ganz viel Freude, Erholung und wunderbare Quallitätszeit.

Deine Polli

Über die Autorin

Sandra Polli-Holstein

Sandra Polli-Holstein ist mit ihrer Zwillingsschwester in Zürich geboren und lebt nun im schönen Schleswig-Holstein.

Als Mädchen vom Lande schafft sie es als Musicaldarstellerin auf die Bretter die, die Welt bedeuten und trifft dort den Mann ihres Lebens. Sie heiratet und wird Mutter eines Sohnes. Heute arbeitet sie als Buch- und Hörbuchautorin. Als Pädagogin und Entspannungstrainerin weiß Polli, wie wichtig Erholung in unserem manchmal hektischen Alltag ist. So entstanden die Hörbücher "FANTASIEREISEN – Träumen, Entspannen und glücklich sein" sowie Pollis "TRAUMREISEN FÜR KINDER", mit denen auch Kinder wunderbar einschlafen und zur Ruhe kommen können.

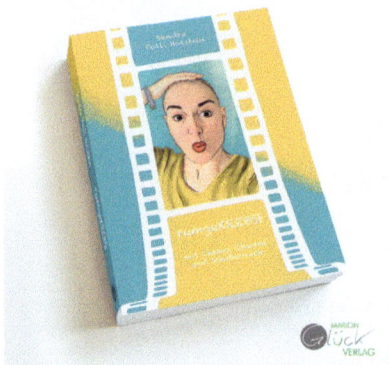

Mit meinem Buch „rumge-KREBSt" zeige ich Betroffenen, wie sie mit dieser Erkrankung umgehen und mentale Stärke sowie Humor zurückgewinnen können. Mit meiner „Onko-Comedy" gibt es viel Situationskomik und eine gesunde Portion Selbstironie.

In der Fortsetzung „ausge-KREBSt", erfahren die Leser:innen, was ein Leben in Remission bedeutet und wie Krisen – vom Einzelschicksal bis zur globalen Pandemie – der Weg für viel Neues sein können.

Eine Geschichte aus dem Leben. Wie man mit Mut, Lebensfreude und einer gesunden Portion Selbstironie eine Chemotherapie sowie den ganz normalen Krankenhaus-, Behörden- und Versicherungswahnsinn überleben kann. Als Neuauflage erschienen als das Taschenbuch „rumgeKREBSt" (s.o.).

Hier findest Du Zeit für Dich. Erholung, neue Energie und Ausgeglichenheit. Mit einer Auswahl der sieben schönsten Fantasiereisen zum Träumen, entspannen und glücklich sein. „Fantasie ist wichtiger als Wissen, denn Wissen ist begrenzt." Albert Einstein

„FANTASIEREISEN, TRÄUMEN, ENTSPANNEN & GLÜCKLICH SEIN Vol. 2"
Bald im Handel erhältlich.

Vielen Dank, für die gemeinsame Zeit.

Du bist neugierig und möchtest mehr von **Pollis Seitenblicke** erfahren?
Dann besuche mich auf der Website oder begleite mich auf den Social
Media.